Allgemeine Dienstregeln für die Unterofficiers

der Churfürstlich Sächsischen Infanterie

vom Jahre 1802

herausgegeben von Jörg Titze

Beiträge zur sächsischen Militärgeschichte zwischen
1793 und 1813

Heft 11

27.

Die Zeit, welche der Dienst und erlaubte Ergötzlichkeiten ihm übrig lassen, muß der Unterofficier dazu anwenden, sich im Schreiben und Rechnen zu üben. Ersteres ist nicht nur jedem Unterofficier unentbehrlich, und es kann kein Corporal auf das Avancement zum Sergeanten Anspruch machen, wenn er nicht einen Rapport und eine Meldung zu schreiben im Stande ist, sondern es wird auch überhaupt zu seinem Glück gereichen, wenn er wegen seiner Fähigkeiten einst zu einer Civilversorgung empfohlen werden kann.

28.

Jeder Unterofficier muß immer seine Schreibtafel bey sich führen, um darinne dasjenige, was er seinem Gedächtniß nicht glaubt anvertrauen zu können, sogleich aufzuzeichnen.

Faksimile der Artikel 27 und 28

Allgemeine

Dienstregeln

für die

Unterofficiers

der Churfürstlich Sächsischen

Infanterie

Dresden
Gedruckt in der Churfürstl. Hofbuchdruckerey
1802

Bibliographische Information der Deutschen Biliothek

Die Deutsche Bibliothek verzeichnet diese Publikation in der Deutschen Nationalbibliographie; detaillierte bibliographische Daten sind im Internet über http://dnb.ddb.de abrufbar.

Die Deutsche Bibliothek – CIP – Einheitsaufnahme

Jörg Titze (Hrsg.)

Allgemeine Dienstregeln für die Unterofficiers der Churfürstlich Sächsischen Infanterie vom Jahre 1802 - herausgegeben von Jörg Titze

Herstellung und Verlag: Books on Demand GmbH, Norderstedt, 2011

ISBN 978-3-8482-1548-5

Herstellung und Verlag:

Books on Demand GmbH, Norderstedt

1.

Jeder Unterofficier muß sich fest einprägen, daß er in allen Stücken das Beyspiel für den gemeinen Mann in der Compagnie seyn soll. Er muß daher in der Unverdrossenheit und Pünktlichkeit des Dienstes, in seinem vorschriftsmäßigen Anzuge, in den ihm nöthigen Kenntnissen und in seiner Aufführung seine Untergebenen stets zu übertreffen suchen. Dieses Bestreben nennt man Ambition, und nur dadurch gewinnt der Unterofficier das Vertrauen und die Unterstützung seiner Vorgesetzten, die Autorität beym gemeinen Mann, die Hoffnung zu avanciren, und, wenn er nicht mehr dienen kann, gut versorgt zu werden.

2.

Nie muß es dem Unterofficier einfallen, die Befehle seiner Vorgesetzten, am wenigsten aber in Gegenwart des gemeinen Mannes zu tadeln, denn zu geschweigen, daß der Unterofficier nicht immer den Endzweck eines gegebenen Befehls einzusehen im Stande ist, so macht er dadurch nicht allein sich selbst des Ungehorsams schuldig, sondern er verleitet auch den gemeinen Mann dazu. Man nennt dies Raisonniren, und es ist hierauf nach Befinden Leibes- und Lebensstrafe gesetzt. Der Vorgesetzte giebt die Befehle, und hat allein sie zu verantworten, der Untergebene aber hat sie ohne den mindesten Widerspruch zu befolgen.

3.

Am meisten muß ein rechtschaffener Unterofficier sich für den Trunk hüten. Denn erstens entstehen daraus mehrere andere Laster, welche den Soldaten ganz entehren; sodann wird er auch dadurch des Vertrauens seiner Vorgesetzten verlustig und zu allem Dienst unbrauchbar, wenn er auch von Natur noch so gute Fähigkeiten besitzt; ferner fällt er dadurch bey seinen Untergebenen in Verachtung und verliert alle Autorität.

4.

Auch das Spielen muß er meiden, besonders aber mit dem gemeinen Mann nie um Geld spielen, weil er dadurch sich ebenfalls seine Autorität vergiebt. Auf Wachten, wo dieses am meisten zu geschehen pflegt, wird es zweckmäßiger seyn, wenn der Unterofficier dem gemeinen Mann durch lautes Vorlesen eines nützlichen oder unterhaltenden Buchs die Zeit vertreibt.

5.

Jeder Unterofficier muß unaufhörlich bemüht seyn, jeden Mann seiner Brigade oder Corporalschaft auf das genaueste kennen zu lernen. Dieses geschieht entweder im Dienste, oder bey Visitirungen in seinem Quartier, oder im gewöhnlichen Umgange, und in der Beobachtung der Beschäftigungen des Mannes außer dem Dienst. Letzteres ist eins der sichersten Mittel. Ist der Mann arbeitsam, so ist für seine Aufführung weniger zu besorgen, als wenn er sich nicht beschäftiget, sondern sich in den Bier- und Brandweinhäusern finden lässt.

6.

Besonders erfordert der neue Mann die genaueste Aufmerksamkeit des Unter-officiers. Bey diesem sowohl als bey dem bereits gedienten Manne muß er sich Liebe und Furcht zu erregen suchen. Die Liebe desselben wird der Unterofficier dadurch gewinnen, wenn er ihm alle Anweisungen und jeden Unterricht mit einer guten Art giebt, seiner Unwissenheit so lange als möglich zu Hülfe kommt, und bey allen Gelegenheiten für ihn sorgt. Furcht aber wird er ihm einprägen, wenn er ihn stets zu seiner Schuldigkeit anhält, bey entdeckter Faulheit, Nachlässigkeit, Leichtsinn, oder Widerspenstigkeit eine ernstliche Sprache gegen ihn führt und ihn seine Autorität auf eine erlaubte Art fühlen lässt.

7.

Der Unterofficier muß die Tabelle seiner Brigade oder Corporalschaft allezeit in der größten Ordnung halten. Dieß geschieht, wenn er jeden Monat zu verschiedenen Tagen denjenigen Mann, von dessen guter Wirthschaft er nicht hinlänglich versichert ist, visitirt, und sich von seinen Montirungs- Beymontirungs- und Propretestücken Rechenschaft geben lässt. Findet er den Mann nicht in der Ordnung, so muß ihn keine Partheylichkeit abhalten, ihn sogleich dem Officier zu melden, um üblern Folgen vorzubeugen.

8.

Er muß den gemeinen Mann bey jeder Gelegenheit zur Reinlichkeit anhalten, weil diese nicht allein auf den Dienst, sondern auch auf die Gesundheit Einfluß hat. Besonders muß der neue Mann dazu angehalten werden, weil er als Bauer oder als Professionist selten dazu gewöhnt ist.

9.

Sobald der neue Mann das Gewehr erhält, muß ihn der Unterofficier alle Theile desselben kennen lernen, und ihm in der richtigen Zusammensetzung aller Theile des Gewehrs gründlichen Unterricht geben, damit der Mann wisse, wie er nach dem Auseinandernehmen des Gewehrs dasselbe wieder in richtigen Stand setzen soll. Ueberhaupt muß ihm wohl eingeprägt werden, daß das Gewehr und dessen gute Unterhaltung bey jeder Gelegenheit sein wesentlichstes Augenmerk seyn müsse, und daß ein Soldat mit einem unbrauchbaren Gewehr seine ganze Würde verliere.

10.

Ferner muß der Unterofficier den gemeinen Mann anhalten, daß er im Quartiere sein Gewehr, Lederwerk, und seine Montirungsstücke, so wie auch den Tornister mit seinen Sachen so hänge, daß alles gleich beysammen ist, und er nur einige Minuten Zeit braucht, alles umzuhängen, sein Gewehr zu ergreifen und sich auf den Sammelplatz zu begeben.

11.

Ohngeachtet der Soldat eigentlich ein- für allemal angewiesen ist, seine Armatur- Lederwerks- und Montirungsstücke jederzeit in reinlichen und brauchbaren Stand zu halten, so muß doch der Unterofficier auf diesen Befehl allein sich niemals verlassen, sondern er muß, so bald er weiß, daß ein Mann von seiner Corporalschaft den folgenden, oder nämlichen Tag zur Wacht, oder zu einem andern innern oder auswärtigen Dienst commandirt ist, ihn sogleich in seinem Quartier visitiren und untersuchen, ob alles in gehörigen Stand ist. Findet er, daß etwas daran fehlt, so muß er dem Soldaten gleich eine Stunde festsetzen, zu welcher alles im Stande sein muß, und um diese Stunde muß der Unterofficier sich pünktlich wieder einfinden, um zu sehen, ob sein Befehl befolgt ist. Wäre dieß dennoch nicht geschehen, so muß er es melden, um sich zu decken; denn unterläßt er diese Vorsicht, so hält sich der Officier der Dienstordnung gemäß an den Unterofficier der Corporalschaft.

12.

Jeder Unterofficier muß allezeit eine Viertelstunde früher auf dem Platze seyn, bevor die commandirte Mannschaft, es sey wozu es wolle, zusammenzukommen befehligt ist, damit er Zeit habe, die Leute seiner Corporalschaft einzeln, oder zusammen, nochmals durchzusehen, ehe der Officier stellt. Er verbessert noch hier und da dasjenige, was er an dem Mann nicht in der Ordnung findet, und sichert sich dadurch, daß an den Leuten seiner Corporalschaft nichts getadelt werden kann.

13.

Sobald der Mann von der Wacht, oder vom auswärtigen Dienst abgelöst in sein Quartier zurückkommt, muß der Unterofficier ihn wieder visitiren und anhalten, daß er alles wieder in reinlichen und brauchbaren Stand setze. Auch muß der Unterofficier nach jedesmaligem Feuern nie unterlassen, noch den nämlichen Tag gehörig zu untersuchen, ob das Gewehr vollkommen wieder hergestellt ist.

14.

Aus allem vorstehenden erhellt, daß der fleißige Unterofficier wenig Zeit müßig, oder bequem in seinem Quartier zubringen kann, sondern sich von Zeit zu Zeit in dem Quartierbezirk der Compagnie sehen lassen muß, als wodurch er Gelegenheit bekommt, unter der gemeinen Mannschaft mancherley zu entdecken, was der Beobachtung werth und für den Dienst wichtig ist.

15.

Es wird hierinnen besonders eine verdoppelte Aufmerksamkeit von dem Unterofficier, welcher das Visitiren hat, erfordert, und es giebt Gelegenheiten, wo derselbe, wenn er den zur Unordnung geneigten Mann manchmal des Nachts nachvisitirt, sehr gute Dienste leisten, und sich bey seinen Vorgesetzten empfehlen kann.

16.

Es ist aber nicht genug, dass der Unterofficier die Leute von seiner Corporalschaft oder Brigade, und von der Compagnie überhaupt zur Ordnung anhält, sondern es kommen mehrere Fälle vor, wo er dieses – auch außer Dienst – bey Soldaten von andern Compagnien und Regimentern zu thun verbunden ist. Wenn z.B. in Bier- und Schenkhäusern, oder andern öffentlichen Orten, Soldaten – sie seyen von welcher Compagnie oder von welchem Regiment sie wollen – sich ungebührlich betragen und Excesse begehen, so muß der Unterofficier sie erst durch vernünftige und ernstliche Vorstellung zur Ordnung zurückführen, wenn sie aber darauf nicht achten, sie entweder selbst arretiren, oder im Fall er dieses nicht bewerkstelligen kann, die nächste Wacht von dem Exceß benachrichtigen, damit von da eine Patrouille zur Arretirung der Excedenten abgeschickt werden könne, er selbst aber meldet sodann den Vorfall seinen Officiers. Derjenige Unterofficier, welcher bey einem Excesse gegenwärtig ist, und vorerwähnte Mittel nicht anwendet, der Unordnung zu steuern, oder vielleicht gar den Vorfall unangemeldet lässt, verdient eben so nachdrücklich, wie die Excedenten selbst bestraft zu werden.

17.

Desgleichen ist jeder Unterofficier verpflichtet, eine jede Schildwacht – von welchem Regiment sie auch sey – die er unachtsam und nachlässig auf ihrem Posten findet, zu ihrer Schuldigkeit zu verweisen, und wenn sie seiner Erinnerung nicht Folge leistet, oder daferne der Unterofficier eine Schildwacht auf einem wichtigen Vergehen betrifft, so ist derselbe schuldig, es sogleich dem Wachtcommandanten zu melden.

Dasselbe liegt ihm ob, wenn er Sonn- und Festtags, oder bey Jahrmärkten und öffentlichen Lustbarkeiten, Soldaten in vorschriftswidriger Adjustirung antrifft; denn derjenige Unterofficier ist strafbar, welcher dergleichen Unordnungen übersieht, ohne sie abzustellen oder anzuzeigen.

18.

Ueberall, wo der Unterofficier mit Mannschaft, sie sey vom Regiment allein, oder auch von andern Regimentern, commandirt ist, muß er, stets aufmerksam und unverdrossen, sie zur Ordnung, und so lange sie im Dienste sind, zur reinlichen und vorschriftsmäßigen Adjustirung anhalten, überhaupt aber in allen Stücken seine Autorität behaupten, und durchaus nie einen Widerspruch gegen seine Befehle leiden.

19.

Auf dem Marsch muß der commandirte Unterofficier die ihm untergebene Mannschaft allezeit in der vorgeschriebenen Marschordnung erhalten und nie zugeben, daß sie sich vereinzeln. Hat sein Commando die Stärke von 9 Mann, so macht er einen Mann zur Avantgarde, und einen zur Arriergarde aus. Ist das Commando 15 Mann stark, so kann ein Gefreyter mit einem Mann dazu genommen werden.

20.

Auf dem Marsche mit der Compagnie und dem Bataillon muß der Unterofficier, er mag vorn oder hinten eingetheilt seyn, allezeit auf die Ordnung des Zugs, dem er zugetheilt ist, aufmerksam seyn, und die Leute zu einem ununterbrochenen Marsch ermuntern. Er muß den neuen Mann, der noch keinen Reisemarsch gemacht hat, unterrichten, wie er mit Vortheil sein Gewehr tragen, seinen Tornister packen und kurz anhängen soll;

ferner: wie er den Anzug seiner Füße einzurichten hat, damit er bey einem langen Marsch sich nicht wund gehe.

21.

Bey Verschickungen muß der Unterofficier beflissen seyn, die ihm gegebenen Befehle genau und pünktlich zu erfüllen, auch muß er dabey immer nachdenken, ob er nach Befinden der Umstände es nicht noch vortheilhafter einleiten könne. Er muß aber auch besorgt seyn, sich seine Instruction deutlich und bestimmt geben zu lassen, und lieber zweymal fragen, als zweifelhaft bleiben. Befindet er während seines Commandos die Umstände anders, als der ihm gegebene Auftrag besagt, und besorgt er, daß ihm bey seiner Zurückkunft nicht geglaubt werden möchte, so erfordert es die Ordnung, daß er sich mit glaubwürdigen schriftlichen Zeugnissen von der Obrigkeit des Orts versehe, damit er bey seiner Zurückkunft sich gegen seine Vorgesetzten über alles rechtfertigen könne.

22.

Es wird jedem Unterofficier vortheilhaft seyn, wenn er sich zum Werbegeschäft applicirt, denn er lernt dadurch verschiedene Gegenden kennen, erlangt ferner Eigenschaft, mit Leuten von verschiedenem Stand umzugehen und ausrichtsam zu werden;

hiernächst erweckt er sich das so rühmliche Verdienst, dem Regiment und der Compagnie Leute zum Dienst des Churfürsten zugebracht zu haben.

23.

Bey Gelder- Munition- und Arrestantentransporten, und bey der Aufsicht über letztere muß er äußerst aufmerksam seyn, im letztern Falle den Schildwachen allein nicht trauen, sondern selbst, besonders des Nachts öfters nachsehen, um sich für aller Verantwortlichkeit zu sichern.

24.

Bey allen Gelegenheiten muß der Unterofficier sich bestimmt und entschlossen bezeigen; sein ernster Blick und der Ton seiner Stimme muß dem gemeinen Mann mehr Furcht und Gehorsam einflößen, als wenn er demselben mit dem Stock zu seiner Schuldigkeit anhält. Ueberhaupt, wenn der Unterofficier ein unpartheyischer und gerechter Mann ist, wenn er den gemeinen Mann von der Absicht seiner Befehle auf eine sinnliche Art überzeugt und nicht beständig murrt, als wodurch der Soldat nur verdrüßlich und gleichgültig gemacht wird, so wird er mit Worten oft mehr ausrichten, als mit dem Stock, denn der Soldat gehorcht lieber aus Vertrauen als aus Furcht.

Erfordert es aber der Dienst, daß der Unterofficier den gemeinen Mann strafe – welches nie durch mehr Stockschläge, als in dem Dienstreglement bestimmt ist, geschehen darf – so muß diese Strafe nicht im Zorn, oder aus Uebereilung, sondern mit Ueberlegung und Mäßigung geschehen, und muß er dabey nie vergessen, daß der Soldat sein Nebenmensch ist. Er muß allezeit unterscheiden, ob der Mann aus Widerspenstigkeit, aus Leichtsinn, aus Nachläßigkeit, oder aus Mißverstand oder Unwissenheit, ob er oft, oder nur selten fehlt, denn jede dieser Arten verdient mehr oder weniger Nachsicht oder Strafe.

Besonders muß der Unterofficier sich hüten, einen betrunkenen Soldaten zu schlagen, denn erstlich ist bey einem durch geistige Getränke erhitzten Blute der Gehorsam selten mit Gewalt zu erzwingen; zweytens muß man besorgen, daß der betrunkene Mann zu einem Subordinationsfehler gegen den Unterofficier verleitet werden könne, und dieser wäre also durch den unzeitigen Gebrauch seiner Autorität Schuld, wenn der Soldat nach den Kriegsartickeln straffällig würde. Die Menschlichkeit selbst gebietet daher, daß ein betrunkener Soldat mit Schonung behandelt, und erst dann, wenn er wieder nüchtern ist, zur Strafe gezogen werde.

25.

Es ist aber nicht genug, daß der Unterofficier den Mann von seiner Corporalschaft nach und nach brauchbar zum Dienst macht, sondern er muß ihn auch in seinen Sitten verbessern, zur Gottesfurcht anhalten und zum ehrlichen Mann bilden; er muß ihm begreiflich machen, daß die Befolgung der gegebenen Befehle eine Pflicht und Tugend sey, die er sich und dem Vaterlande schuldig ist.

26.

Der Unterofficier muß jedoch zugleich selbst bemüht seyn, in seinen Kenntnissen täglich zuzunehmen. Das, was seiner Dienst-erfahrung fehlt, muß er dadurch zu ersetzen suchen, daß er sich von seinen Officiers und von seinen ältern und erfahrnern Cameraden belehren läßt, damit, wenn einst der Fall ihm selbst vorkommt, er schon im Voraus darauf vorbereitet sey und sich dabey zu benehmen wisse.

27.

Die Zeit, welche der Dienst und erlaubte Ergötzlichkeit ihm übrig lassen, muß der Unterofficier dazu anwenden, sich im Schreiben und Rechnen zu üben. Ersteres ist nicht nur jedem Unterofficier unentbehrlich, und es kann kein Corporal auf das

Avancement zum Sergeanten Anspruch machen, wenn er nicht einen Rapport und eine Meldung zu schreiben im Stande ist, sondern es wird auch überhaupt zu seinem Glück gereichen, wenn er wegen seiner Fähigkeiten einst zu einer Civilversorgung empfohlen werden kann.

28.

Jeder Unterofficier muß immer seine Schreibtafel bey sich führen, um darinne dasjenige, was er seinem Gedächtniß nicht glaubt anvertrauen zu können, sogleich aufzuzeichnen.

Hinsichtlich des Geltungsbereiches sei folgender Befehl des Generalmajors v.Nostitz (Brigadier der 2. Infanterie-Brigade der 21. Infanterie-Division im VII. Armeekorps) an den Oberstlieutenant v.Brause (Kommandeur 1.leichtes Regiment) aufgeführt:

Debe Wielki am 15n Januar 1813

Unter den an das Kriegsgericht der unter meinem Commando stehenden Brigade gesendeten zur Feldverlaßenschaft des verstorbenen Herrn Oberstlieutenant von Egidy gehörigen Effecten, haben sich unter anderem auch*

.....

zwey Exemplare der 1802 zu Dresden gedruckten Dienstregeln für die Sächs. Unterofficers

.....

aufgefunden.

Da diese Schriften ... Regimentseigenthum sind ... so sende Ew. Hochwohlgeb. ich diese sämmtlichen Schriften ... und bin einer diesfalsigen Quittung gewärtig ...

* Oberstleutnant von Egidy war am 16.10.1812 infolge der am 11.10. an der Lesna erhaltenen Wunden gestorben.

<u>Angaben zu den Quellen:</u>

Das Original ist befindlich in der Sächsischen Landes- und Universitäts-Bibliothek (SLUB) in Dresden; hier unter Digitale Sammlungen/ Hist.Sax.M.659m.

Die Freigabe zur Veröffentlichung erfolgte unter Ticket: 201206271316095.

Der Befehl vom 15.01.1813 entstammt dem Bestand: Hauptstaatsarchiv Dresden 11 340 Infanterie-Formationen No. 446 Ordrebuch von Januar und Februar 1813 / 1.leichtes Inf. Rgt.

An weiteren Reglements sind bisher in dieser Reihe erschienen:

Unterricht für die Scharfschützen bey der Churfürstlich Sächsischen Infanterie vom Jahre 1804 (Heft 17 dieser Reihe)

Reglement für die Königlich Sächsische leichte Infanterie zu den Uebungen außer der geschlossenen Ordnung vom Jahre 1810 (Heft 18 dieser Reihe)

Für weitere Informationen:

www.oberst-lieutenants-compagnie.de